L'ORDRE

ET

LA LIBERTÉ

PAR

GASTON LAPORTE

Avocat, Membre du Conseil Municipal
Et Membre du Conseil d'Arrondissement de Nevers

PRIX : 1 FRANC

NEVERS

IMPRIMERIE ET LITHOGRAPHIE E. BRULFERT

2, QUAI DE LOIRE, 2

—

1876

L'ORDRE

ET

LA LIBERTÉ

PAR

Gaston Laporte

Avocat, Membre du Conseil Municipal
Et Membre du Conseil d'Arrondissement de Nevers

———⌇⌇———

NEVERS

IMPRIMERIE ET LITHOGRAPHIE E. BRULFERT

2, QUAI DE LOIRE, 2

—

1876

PRÉAMBULE

Lorsqu'on jette un coup d'œil rapide sur les divers partis qui se disputent l'influence dans la société, on reconnait bien vite qu'ils peuvent se diviser en trois groupes principaux, ce sont :

1° Les conservateurs ou monarchistes de toutes nuances ;

2° Les républicains ;

3° Les socialistes.

Les uns et les aùtres ont la prétention d'assurer *l'ordre*, sans lequel ils savent bien que l'existence de la société est impossible.

Les conservateurs croient pouvoir établir l'ordre par la contrainte, à l'aide d'un système quelconque *d'autorité*.

Les républicains affirment pouvoir l'obtenir, et d'une façon plus conforme à la dignité humaine, au moyen d'une sage *liberté*.

Les socialistes rêvent un âge d'or au moyen d'un système plus ou moins chimérique *d'égalité*.

Les conservateurs et les socialistes ont, ainsi que nous le verrons, un point de contact commun : ils méconnaissent ou mutilent la liberté et par suite la véritable égalité. Ils atteignent ce même but, les premiers par la prépondérance plus ou moins considérable qu'ils accordent au souverain ; les seconds par l'omnipotence absolue qu'ils délèguent à la collectivité, c'est-à-dire à l'État.

Or, comment se fait-il donc, comment peut-on concevoir dès l'abord que ce même but commun, puisse être

obtenu par des moyens aussi différents? L'ordre, tel
que le comprennent autoritaires et socialistes, n'est donc
plus le même que celui des républicains? — Certes non.
Il y a entre eux toute la différence qui sépare l'illusion de
ce qui est réel, le mensonge de ce qui est vrai! Et, en
effet, la définition de l'ordre doit être envisagée à un double point de vue, suivant qu'elle s'adresse aux personnes ou
suivant qu'elle s'applique aux choses. Lorsqu'elle s'applique aux choses, l'idée que nous concevons de l'ordre est
une simple idée de classement, de distribution, d'arran-
gement; lorsqu'elle s'adresse aux personnes, c'est-à-dire à
des êtres essentiellement intelligents et libres, l'idée que
nous devons avoir est nécessairement plus élevée; elle
résulte de l'harmonie générale, de l'entente fraternelle qui
doit régner entre tous les membres de la société.

L'erreur des conservateurs et des socialistes est donc
de prime abord manifeste, puisqu'ils ne tiennent compte ni
les uns ni les autres dans l'édification de leurs systèmes, de
ce qui constitue la nature intime de l'homme, c'est-à-dire
de son intelligence, de sa liberté, et de sa dignité.

A vrai dire, et quand bien même les républicains eux-
mêmes prendraient comme point de départ de leurs
raisonnements les divers attributs de l'homme, ils ne pourraient pas davantage en déduire des conséquences rigou-
reusement logiques et seraient sujets à errer mille fois avant
d'arriver au but ; dans l'économie de la société, il est
mille circonstances diverses que l'expérience seule peut
nous faire apprécier, et qui dépendent nécessairement
du milieu humain et par suite fort imparfait dans lequel
nous vivons; c'est avec ce milieu humain, c'est avec
ce milieu capricieux, inégal et facilement impressionnable
qu'il faut apprendre à compter, si l'on ne veut pas s'abuser
misérablement.

Il est donc impossible à qui que ce soit de fixer par avance et de façon certaine les limites dans lesquelles devra se mouvoir la vérité ; toutefois, il est fort vraisemblable de supposer qu'un système progressif de libertés, c'est-à-dire indéfiniment perfectible, finira par nous indiquer, malgré des tâtonnements inévitables, quel est le véritable chemin à parcourir.

En examinant d'ailleurs les considérations de toutes sortes qui peuvent se rattacher à la définition ou à la pratique des divers systèmes basés sur les principes d'autorité et d'égalité, nous arrivons bien vite à cette conviction : c'est que lorsque le principe d'autorité avec ses abus inévitables aura disparu, le socialisme, cet épouvantail des classes conservatrices, n'ayant plus de prétexte pour réagir, cessera d'exister.

A la République incombera par suite le devoir d'amener définitivement la conciliation et l'apaisement des esprits, en assurant l'ordre véritable, l'ordre dans la liberté.

De l'Autorité

Le principe d'autorité est d'une manière générale le système *du bon plaisir et de l'arbitraire*, plus ou moins mélangé de souveraineté nationale ; c'est l'obéissance au maître, avec ses divers modes d'application.

En politique, le principe d'autorité revêt la forme monarchique, quelle qu'elle soit, *légitimiste, orléaniste* ou *bonapartiste*, avec toutes les conséquences qui en découlent.

En économie politique, le principe d'autorité devient le *protectionisme*, ce que par une juste antithèse on pourrait appeler le socialisme du capital ; il est aussi la compression apportée aux droits d'écrire et de penser, à ceux de réunion, d'association. En un mot, il a pour conséquence le privilège et le monopole sous toutes leurs formes diverses.

Les partisans du principe d'autorité s'intitulent *conservateurs*, sans doute parce qu'ils revendiquent pour eux seuls le privilège du maintien de l'ordre. Mais il est aisé de voir que cet ordre qu'ils voudraient imposer n'est qu'apparent, le principe sur lequel il repose, c'est-à-dire *le droit de la force*, étant un système aveugle, au service du bien comme du mal.

Aussi bien les conservateurs ne conservent rien, et l'histoire démontre surabondamment que leur ordre maladif semble destiné à vivre et à mourir éternellement entre deux révolutions. Leur persistance à vouloir garder un état de choses impossible semblerait singulière, s'ils pouvaient avoir des opinions politiques sérieuses et réfléchies. Malheurement, d'ordinaire, ils acceptent, sans la raisonner, l'impulsion qui leur vient du dehors, et se croient bien sages parce qu'ils ne s'occupent pas de politique ! Ils ne voient pas, ainsi que le disait M. le duc d'Audiffret-Pasquier dans son magnifique discours sur les honteux marchés de l'empire, que la politique c'est notre sang, notre argent, notre honneur ! Pour eux, tout le progrès se résume dans les conquêtes matérielles, dans le développement du bien-être, et la liberté politique est dangereuse et même nuisible ! Leur égoïsme est si profond et s'accommode si bien de la servitude, qu'ils ont pu accepter sans honte, et comme un sauveur providentiel un Napoléon ! Celui-ci sût profiter de cet état d'abaissement. Il confisqua toutes nos libertés, en leur montrant des dangers imaginaires, en grossissant outre mesure ceux qui pouvaient être réels, en leur faisant croire qu'en dehors de lui il n'y avait pas de salut ! Dans son intérêt personnel et dans l'intérêt de l'avenir de sa dynastie, il exploita avec habileté une mine toujours inépuisable: la peur !

La peur, ce sentiment étroit et égoïste, lorsqu'elle pénètre dans le cœur des hommes, amoindrit l'esprit, l'intelligence vraie des choses. Alors, on ne voit plus le danger que lorsqu'il éclate, mais on reste dans l'impossibilité absolue de le prévenir.

Lors de notre grande Révolution, lorsque les Girondins, maîtres absolus de la Convention, le matin du 2 juin 1793, étaient par un revirement soudain, proscrits par elle le soir, vainqueurs et vaincus n'obéirent qu'à ce seul sentiment, la peur ! De ce jour, peut-on dire, prirent naissance ces eunuques politiques qui peuplent en majorité les centres de toutes les assemblées. Il ne parlent pas, ils votent ; leur culte est celui du plus fort quel qu'il soit ; ils tremblent à la moindre alerte : ils sont par excellence des conservateurs !

*
* *

Les conservateurs firent la fortune politique des deux Napoléon, de l'oncle et du neveu ; ils applaudirent aux coups d'Etat de Brumaire et de Décembre et se déclarèrent prêts à tout accepter, pourvu qu'on leur promit l'ordre.

Lorsque Napoléon III voulut refaire l'Empire, les conservateurs d'en haut ne demandaient qu'à jouir en repos ; ceux d'en bas qu'à vivre en travaillant. Napoléon III leur cria : l'Empire, c'est la paix ! L'ordre, j'en réponds ! Les conservateurs le crurent ! Et cependant c'était une grossière illusion ; car, si la paix et l'ordre étaient assurés en apparence à l'intérieur, la guerre à l'extérieur était une condition pour ainsi dire fatale de la domination d'un Napoléon. Un Napoléon bourgeois eût été un non-sens !

Les mêmes, après avoir ratifié le coup d'Etat de Décembre, approuvèrent aussi la politique tortueuse qui prodigua sans profits pour la nation notre or et notre sang en Crimée, en Italie, au Mexique. Ils encouragèrent ainsi Napoléon III à s'appuyer sur un plébiscite menteur pour nous conduire à Sedan, comme l'oncle nous avait conduits à Waterloo.

Les conservateurs sont persuadés que le mouvement est incompatible avec la tranquillité publique ; c'est pourquoi ils préfèrent à la liberté individuelle avec ses erreurs inévitables un ordre admirable dans le silence ou la mort des individus. Leur idéal ne serait plus alors une société d'êtres intelligents et libres, mais une sorte de machine dont tous les rouages seraient bien graissés, un troupeau docile dont ils seraient les bergers. A vrai dire, ils n'ont

plus conscience de la dignité de l'individu, et, de même
que la *vertu sans bagages*, ils la considèrent apparem-
ment comme un meuble inutile.

Tous les gouvernements autoritaires, lorsqu'ils sont arrivés parfois à constituer une sorte de grandeur factice à
l'Etat, ne l'ont obtenue de la sorte qu'aux dépens de l'individu, dont ils avaient bien soin d'éteindre l'activité. Tous,
sans exception, ont cru indispensable à leur sureté, que dis-je,
à leur existence, de sévir avec la plus grande rigueur
contre toute idée politique ou économique différente de la
leur; tous, et souvent pour défendre des institutions détes-
tables, ont voulu imposer leurs idées par la force ;
tous ont cru avoir la science infuse ; tous ont foulé aux
pieds la liberté !

Et cependant est-il possible d'admettre qu'un gouvernement, aussi éclairé qu'on le suppose, soit capable de
décider en dernier ressort que telle idée est bonne et que
telle autre est mauvaise ?

Est-ce que la vérité d'aujourd'hui n'est pas souvent une
erreur grossière le lendemain ? Est-ce que d'ailleurs cet
antagonisme naturel qui résulte du choc des idées n'est pas
la condition indispensable à tout progrès ? Et vouloir s'y
opposer n'est-ce pas exiger que chaque individu n'ait plus
qu'une même volonté, qu'une même manière de voir,
qu'une même façon de penser ? N'est-ce pas, en un mot,
supposer l'égalité de l'intelligence et décréter l'immobilité?

Telle est cependant la prétention des gouvernements
autoritaires, et telle est leur façon de comprendre l'ordre.

L'extension exagérée qu'ils donnent au principe d'autorité ne saurait jamais avoir que ce résultat: provoquer le
retour prochain d'une crise nouvelle.

Et, en effet, lorsqu'un gouvernement poursuit des individus pour une idée ou une croyance autre que la sienne,

lorsqu'il froisse ces éternels sentiments du juste et du vrai qui dorment au fond du cœur de tout homme libre, lorsqu'il abuse de son autorité d'une façon quelconque, il en résulte fatalement qu'en vertu de la réaction qui s'opère dans les esprits, une force nouvelle grandit en sens contraire et devient rapidement une puissance formidable avec laquelle il lui faudra lutter.

C'est un phénomène analogue qui, dans l'étude des sciences mécaniques, a donné naissance à cette formule considérée comme un axiome :

Toute action amène une réaction égale et de sens contraire.

L'histoire fournit à l'appui de ce que nous venons d'énoncer des exemples pour ainsi dire à l'infini.

En matière religieuse, le sang des martyrs active le développement rapide du christianisme. Le protestantisme nait lui-même des cendres du bûcher sur lequel ont avait brûlé Jean Huss ; il devient ensuite un parti redoutable après les massacres de la Saint-Barthélemy et la révocation de l'édit de Nantes. Le jésuitisme et l'intolérance religieuse donnent naissance à l'athéisme et à l'indifférence en matière de foi.

En matière politique et économique, les abus de l'ancienne monarchie amènent 93 ; les révolutions deviennent de plus en plus alarmantes ; de politiques qu'elles étaient, elles deviennent sociales, elles aboutissent au 18 mars ! Enfin, en face de l'exagération autoritaire, le socialisme, dont nous reparlerons plus loin, de vague et indéterminé qu'il était, prend un corps, trouve en quelque sorte une définition !

**

Le dernier gouvernement autoritaire que nous ayons eu, l'Empire, a voulu avoir aussi le monopole de la vérité. Les conservateurs crédules se reposèrent sur un seul homme du soin de les gouverner ; ils le soutinrent dans sa politique d'aventures, et prirent ainsi la responsabilité d'un désastre inouï dans les fastes de l'histoire. Certes, un tel gouvernement, si d'ailleurs il n'avait manqué du prestige et de l'autorité morale qui consacrent véritablement tous les despotismes, devait nous conduire fatalement à l'abîme. Le rôle qu'il a usurpé ne pouvait appartenir qu'à la monarchie légitime seule, c'est-à-dire à ce régime que l'on considérait avant la Révolution de 89 comme s'exerçant en vertu d'un mandat extra-humain, providentiel, divin ; la monarchie légitime, investie d'un pouvoir que l'on regardait comme issu de la divinité, étant par son origine même au-dessus de toute discussion, pouvait, par cela seul, être opposée victorieusement à la liberté individuelle, à la conscience et à la raison de l'individu.

Mais la monarchie de droit divin est-elle possible aujourd'hui ?

Il est permis d'affirmer que l'immense majorité du pays repousse de toutes ses forces un passé détestable et si peu conforme aux principes de la démocratie moderne ?

Si la France du XIXᵉ siècle pouvait croire en un mandat supérieur de droit divin, il faudrait nécessairement qu'elle considérât la Révolution de 89 comme non avenue ; il faudrait qu'elle proclamât la déchéance des *droits de l'homme,* de la *liberté individuelle* et de l'*égalité civile.*

Il faudrait qu'elle fît revivre l'arbitraire, les priviléges et les monopoles de toutes sortes ; il faudrait surtout qu'elle pût trouver un pouvoir assez fort pour étouffer cette aspiration constante vers la liberté qui forme le fond de l'esprit moderne, et s'impose aujourd'hui comme une impérieuse nécessité.

Mais, diront nos éternels conservateurs, le principe d'autorité n'a-t-il pas de tout temps été le seul possible, le seul reconnu, le seul respecté ? N'est-ce pas le pouvoir royal qui a fait la France d'aujourd'hui ? — Eh bien ! la société est-elle condamnée à se mouvoir éternellement dans le même cercle ? Faudra-t-il aussi supprimer la vapeur et l'électricité, les innombrables merveilles de l'art et de l'industrie modernes, parce que le monde a vécu des milliers d'années sans les connaître ? Et ce qui est vrai dans l'ordre économique, peut-il cesser de l'être, dans l'étude des sciences politiques ? Bien loin de là, tous les progrès s'enchaînent, et toute science morale, économique ou politique qui fait un pas en avant, oblige les autres à la suivre dans son mouvement. Assurément, le principe d'autorité a été longtemps le seul possible ; mais nous sommes bien loin du temps où le plus fort et le plus adroit était reconnu comme chef, et où la société devenait sa propriété, propriété transmissible à ses descendants. Pendant de longs espaces de temps, l'homme est resté tellement peu avancé au point de vue intellectuel, qu'il n'eût su que faire de son indépendance ; alors le droit individuel n'existait pas ou n'était qu'un vain mot.

Dans notre société française en particulier, et pendant plusieurs siècles, les monarchies ont eu leur raison d'être, car elles avaient pour elles à la fois le prestige du droit et celui des services rendus. Pendant plusieurs siècles, elles furent les alliées naturelles des peuples et les

protégèrent contre les violences de la féodalité. Mais du jour
où la féodalité fût définitivement vaincue, du jour où l'unité
de la nation devint un fait accompli, les monarchies se
rendirent odieuses, car elles n'offraient aux peuples pour
toute Constitution que le système du bon plaisir et de l'arbitraire.

Dès 1614, les rois avaient voulu étouffer le cri de la
nation en abolissant les états généraux. Ils avaient dit avec
Louis XIV : l'Etat, c'est moi ! Qu'arriva-t-il ? A un moment
les abus devinrent si intolérables, la situation fût tellement
en désaccord avec l'affranchissement progressif des esprits,
que le seul remède, chose horrible, se trouva être l'écha-
faud !

En 1789, il en était temps encore, Louis XVI eût pû
peut-être enchaîner la Révolution avec un peu d'énergie,
à ce momemt où se mettant résolument à sa tête, il fût
salué par l'Assemblée nationale et par le peuple des cris
de : Vive Louis XVI, le restaurateur des Libertés publiques !
Malheureusement, l'infortuné Louis XVI n'était pas plus
de son temps que les conservateurs actuels ne sont du
leur ; il se sépara de la Révolution, et celle-ci, précipitant
sa course impétueuse, emporta le trône et la dynastie dans
son irrésistible élan !

*
* *

La Révolution, dans un sublime délire, propage en un
jour des vérités que tout un peuple refoulait dans son
cœur depuis des siècles. Elle proclame la déclaration des
droits de l'homme, le principe de la liberté individuelle et
de l'égalité civile, elle détruit le système du bon plaisir, les
privilèges et les monopoles.

Elle élève ainsi une barrière infranchissable contre les actes autoritaires et despotiques de l'ancien régime, elle fonde l'ordre nouveau, l'ordre par la liberté.

Cependant, aujourd'hui encore, près d'un siècle après, la routine, la tradition, les souvenirs du passé, tout cela n'a cessé de réagir contre les idées nouvelles, bien que ces idées soient partagées par la très-grande majorité des Français ! En vain le pays fait-il entendre ses puissantes protestations ! Il use une douzaine de gouvernements, bouleverse plusieurs trônes et renverse toutes les Constitutions politiques autoritaires les unes après les autres ; sans cesse il affirme sa volonté bien ferme, bien arrêtée, de n'obéir qu'à des institutions conformes à l'esprit moderne et aux principes posés par les révolutionnaires du dernier siècle. Efforts superflus ! les conservateurs résistent toujours !

Ils s'imaginent, de la meilleur foi du monde sans doute, pouvoir prévenir le retour des Révolutions par l'établissement d'une autorité fortement constituée, dont la principale mission serait d'assouplir les esprits rebelles et de briser les volontés. Mais leur maladresse coupable accuse une profonde ignorance des besoins de la société actuelle, car elle va justement à l'encontre du but qu'ils se proposent d'atteindre.

Chose digne de remarque, les gouvernements que nous avons vus à l'œuvre depuis quatre-vingts ans ont montré, par certains côtés de leur politique, qu'ils pressentaient eux-mêmes leur instabilité ou plutôt leur impossibilité. Les uns et les autres se rendaient si bien compte de cet esprit de liberté et d'opposition qui grondait dans la nation, qu'ils se sont vus forcés, pour occuper l'imagination inquiète de leurs peuples, de chercher d'utiles dérivatifs à l'étranger. Et ces dérivatifs, où les ont-ils trouvés ?

—Ils les ont trouvés justement dans un principe proclamé

par les révolutionnaires de la fin du dernier siècle, le fameux *principe des nationalités*. Ils ne pouvaient donner la liberté au-dedans sous peine de ne plus exister, mais au dehors, ils feignaient de combattre en son nom. Pour se maintenir et réagir contre la Révolution qui les avait condamnés, ils n'en étaient pas moins forcés, chose inouïe, d'obéir aux conséquences de cette même Révolution qui les enserre à leur insu et leur rend la tâche impossible. Et, en effet, le principe des nationalités, s'il eût pu être appliqué partout en Europe, devait établir entre les différents peuples une sorte d'égalité démocratique qui eût été la ruine du système autoritaire.

Au surplus, un gouvernement autoritaire ne saurait se transformer à volonté et les institutions vraiment libérales sont incompatibles avec son existence même.

Lorsque le gouvernement impérial, aux abois voulût faire du libéralisme avec le ministère Ollivier, lorsqu'il donna aux ouvriers le droit de coalition et autorisa les réunions publiques, il s'affaiblissait comme gouvernement absolu, sans obtenir les avantages d'un sérieux système de véritables libertés ; bien plus si ces libertés qu'il donnait et retenait à la fois avaient été sincères, l'Empire eut signé du même coup son abdication ! Toute imparfaite qu'elle était cependant, la liberté nouvelle, réclamée par l'opinion publique, ébranla si profondément le pouvoir dictatorial, que déjà il portait en lui des germes de mort, lorsqu'il entraîna à Sedan la France dans sa honte et sa ruine.

De la Liberté

La liberté consiste dans le droit, pour chaque membre de la société, de tout dire et de tout faire sans autres limites que le droit semblable du voisin. L'ensemble de tous ces droits individuels constitue la liberté collective, qui est le droit semblable de l'Etat. L'Etat, en effet, peut avoir, dans l'intérêt de la société elle-même, de justes réclamations à faire à chaque citoyen ; l'autorité qui lui est dévolue intervient alors entre la société et chacun de ses membres comme le protecteur naturel, comme le tuteur légitime de la liberté.

Tel, dans notre système, doit être le rôle de l'autorité, rôle de conciliation et de paix. Bien loin de vouloir entraver la marche de l'individu dans sa lutte pour l'existence par des mesures d'arbitraire et d'empêcher ainsi son libre développement, l'autorité doit s'efforcer d'aplanir tous les obstacles qui embarrassent la route ; bien loin de se servir de la force collective pour léser les intérêts privés, l'autorité ne doit l'employer que dans un sentiment de justice et d'égalité.

Le fonctionnement régulier de chacun des droits individuels, tempéré dans son expansion indéfinie, et par tous les autres droits semblables, et par celui de la société elle-même, nous donne l'*ordre vrai*. L'ordre obtenu de cette façon est infiniment conforme à la nature intime de l'homme et admirablement approprié à son degré actuel de civilisation ; il n'est ni artificiel ni précaire comme celui des soi-disants conservateurs. Tout au contraire, il est nécessairement stable et durable, puisqu'il repose sur l'accord de tous les intérêts et de toutes les volontés.

En politique, le principe de liberté devient la République, forme de gouvernement dont l'avantage précieux est de posséder, en vertu même du principe qui la régit, des constitutions essentiellement perfectibles, et de se plier sans peine à tous les changements que l'expérience et le temps auront reconnus nécessaires.

En économie politique, il devient le libre-échange, la liberté des droits de réunion et d'association, d'écrire, de parler, etc. Il donne naissance à la *véritable égalité*, en ce sens qu'il est l'adversaire déclaré de tous les privilèges et de tous les monopoles.

La liberté peut être envisagée au quadruple point de vue *civil*, *religieux*, *économique*, *politique*.

La liberté *civile* est devenue un fait accompli depuis notre grande Révolution, après les nuits du 4 août 1789 et du 21 septembre 1790.

La liberté *religieuse* existe d'une façon non moins incontestable. Il ne serait même pas téméraire d'affirmer que le clergé jouit de toutes les libertés refusées au reste de la nation.

La liberté *économique* existe d'une façon bien incomplète ; elle se débat encore dans les mailles serrées du protectionnisme et du système de réglementation.

Quant à la liberté *politique* dont nous sommes en droit d'attendre la véritable égalité, sans laquelle tous les autres droits sont illusoires ou imparfaits, nous ne l'avons jamais eue, nous la demandons toujours.

La Révolution elle-même, malgré tous ses efforts, n'a pu réussir à faire de la France un peuple politique. Après dix-huit siècles d'oppression, de haines et de fureurs accumulées, elle avait dit au monde frappé de stupeur : « J'apporte

2

la liberté. » Alors on vit un spectacle sublime. Tout un peuple fit le serment de mourir ou d'être libre ! Malheusement, il ne sût que mourir, il n'était pas mûr pour la liberté ! Les partisans obstinés de l'ancien régime et du système autoritaire ne cessaient de réagir contre les idées nouvelles ; il les discréditèrent dans l'opinion publique. Leurs descendants eurent l'habileté de faire entrer à la fois dans les choses et dans les esprits des maximes telles que celle-ci : « La liberté est nuisible au développement des biens matériels, qui sont les seuls utiles à obtenir. » Nos conservateurs actuels vivent sur ce vieux fonds légué par leurs pères, sans voir que de pareilles allégations n'ont pas été confirmées par les faits, sans voir que les peuples les plus riches et les plus paisibles du monde, l'Angleterre, les Etats-Unis, la Belgique, la Suisse, la Hollande, sont aussi les plus libres !

Ils ne paraissent pas se rendre un compte bien exact de la nature intime de l'homme, sans quoi ils n'eussent jamais tenté d'anéantir dans la servitude, ce besoin impérieux de liberté qui le domine.

L'homme, en effet, n'abdique jamais complètement sa liberté. Lorsque ses facultés morales ont été dégradées par l'oppression ou la soumission volontaire à un maître, ce besoin d'être libre peut bien sommeiller, mais il se réveille au premier jour d'autant plus impérieux qu'il a été plus comprimé. Sans doute l'homme comprend alors la nécessité de sacrifier une part de sa liberté dans l'intérêt commun ; mais il lui faut en retour des avantages sérieux et durables. Entre lui et la collectivité intervient tacitement un contrat véritable, contrat rédigé en un ensemble de statuts qui sont les *lois*.

Lorsque les lois sont faites sans le consentement absolument libre des intéressés, il n'y a plus contrat véritable, l'individu n'obéit qu'avec répugnance et par force, il cherche sans cesse le moyen de se soustraire à des obligations qui lui pèsent ; et quand il a trouvé ce moyen, la société se trouve en face d'une révolution.

Lorsque les lois, au contraire, sont consenties librement par les intéressés, lorsque la collectivité ne se fait plus la part du lion, l'individu lui obéit certainement, car, en définitive, s'il est mécontent, il ne peut s'en prendre qu'à lui-même.

Tel est l'ordre obtenu par l'établissement réel de la République ; seul il est possible, seul il est durable, car il a pour base et pour principe le plus grand des biens, celui dont l'homme se dessaisit le moins facilement, dont il est le plus jaloux, et sans lequel il cesse véritablement d'être un homme : la liberté !

* *
*

A cela que répondent les conservateurs ?

« Votre République, nous disent-ils, ne sera jamais possible en France ; les Français sont une race indisciplinable ; il faut une main ferme pour les tenir. Si on leur laissait la liberté, ils ne verraient dedans qu'une occasion de désordres et de pillage. »

Et tous répètent inconsciemment ce mot d'ordre lancé sous le dernier Empire par les agents du maître et destiné à faire croire que sans lui tout serait perdu.

Ah ! si la peur du fameux spectre rouge ne les aveuglait, il y aurait lieu de s'étonner en voyant les conservateurs montrer une telle ignorance et de l'histoire, et de leurs propres intérêts ! Mais sur quoi se basent-ils pour alléguer que la République est impossible en France ? Est-ce sur les expériences que nous avons faites en 93 et en 48, ou sur celle que nous faisons aujourd'hui ? Sans cesse ils nous rappellent la terreur de 93. Mais n'ont-ils pas à leur actif la terreur blanche, les crimes de Brumaire et de Décembre ?

Certes, nous n'avons pas dessein de vouloir excuser les horreurs de 93. Mais ne sait-on pas que les révolutionnaires de la fin du dernier siècle étaient seuls pour combattre à la fois le passé, l'émigration et l'Europe en armes menaçant nos frontières ?

Quelle analogie pourrait-on faire entre cette époque et la nôtre ? Et plus tard n'a-t-on pas vu, en 1848 comme en 1871, le prolétariat armé contre la République elle-même. Mais franchement, quand donc a-t-on-fait un essai sérérieux du principe de liberté ? Qui donc s'y sont toujours opposés, si ce ne sont les conservateurs, soit qu'ils fussent passionnés pour tel régime monarchique, soit qu'ils fussent sans cesse retenus par les avantages qu'ils retiraient de leur complicité avec un Bonaparte ?

Lorsque nous parlons de liberté, d'ailleurs, avons-nous jamais voulu parler de la liberté sans limites et sans frein, de la faculté de tout dire et de tout faire, bien ou mal ? Est-ce que nous avons repoussé l'autorité elle-même, et si nous la rejetons comme principe de gouvernement, s'ensuit-il que nous n'en voulions pas d'une façon absolue ? Bien loin de là, nous pensons que sa place légitime est à côté de la liberté, dont elle doit réprimer les écarts ; nous pensons que sa mission véritable consiste à protéger le faible contre le fort, l'homme de bien contre le méchant.

Alors seulement nous avons la liberté comprenant tous les progrès possibles, alors seulement nous avons *l'ordre vrai*.

⁎

Un de nos plus grands économistes, Turgot, avait déjà dit, il y a plus d'un siècle : « On s'est beaucoup trop accoutumé, dans les gouvernements, à immoler toujours le bonheur des particuliers à de prétendus droits de la société ; on oublie trop que la société est faite en somme pour les particuliers. »

Aujourd'hui, ces paroles du grand penseur n'ont pas cessé d'être vraies, ce qui prouve surabondamment combien les conservateurs s'obstinent dans leur immobilité.

D'où vient donc que les choses les plus justes, les plus respectables, les plus sensées ont tant de peine à s'acclimater parmi nous ? Comment se fait-il que la liberté plane pour ainsi dire au-dessus de nous, inspire les poètes, les savants, les artistes, tout ce qui pense, tout ce qui sait, sans jamais trouver grâce devant les conservateurs autoritaires ? Ah ! c'est qu'on ne supporte pas impunément des siècles d'oppression ; c'est qu'en particulier vingt années d'Empire et de corruption ont dépravé les cœurs, amolli les intelligences, dégradé les caractères ; c'est qu'un souffle de décadence a passé sur nous !

Eh bien ! il est grand temps que chaque individu devienne véritablement libre et apprenne à compter avec la responsabilité. Il ne faut plus que l'arbitraire du système d'autorité annihile le libre arbitre de l'individu, fasse tout pour lui et le condamne à n'être plus qu'un rouage irresponsable dans la société. Assez longtemps nous avons suivi ces vieux errements, et nous savons où ils nous ont conduits ; assez longtemps nous avons vu la liberté, expirante sous l'effort perpétuel, incessant, qui est le caractère propre à toute réaction, nous échapper au moment même, où, nouveaux Tantales, nous croyions la saisir !

La République n'a jamais pu s'implanter en France, disent les conservateurs. Elle est donc impossible ! — Étrange argument dans la bouche d'hommes qui l'ont toujours combattue et n'ont jamais voulu écouter cette grande voix de la révolution qui leur crie : En avant !

Ah ! si la République n'a jamais pu se faire, et si, par suite, nous oscillons perpétuellement entre deux révolutions, à qui pourrait-on s'en prendre, si ce n'est à eux ? Dominés par la peur, ils n'ont jamais voulu lui donner franchement leur adhésion. En 1848 comme en 1870, après avoir acclamé Louis-Philippe et l'Empire, ils nous assourdissaient de leurs vivats bruyants en faveur de la République. C'était une rage, on ne voyait que des républicains partout. Oui, mais ils l'étaient à la façon de ce député breton à qui l'on disait : « Vous me paraissez avoir un grand amour pour la République. — Je l'aime tant, répondit-il, que je l'embrasserais jusqu'à l'étrangler ! » Toujours la peur, peur inconsciente, irréfléchie, et contre laquelle il semble que tous les raisonnements doivent échouer.

Aujourd'hui, nous sommes dans la plus étrange situation.

Avons-nous la République ? Oui, si l'on entend par là le fait d'avoir un président. Mais cette République elle-même où est-elle ? Personne ne saurait le dire. La meute autoritaire est là toute prête à la curée et n'attendant que le signal, et la République elle-même, nouveau Protée, prend toutes les formes pour échapper à ses poursuites, tantôt rouge, tantôt blanche, tantôt tricolore. Bien instruit serait celui qui pourrait dire quelle forme elle gardera définitivement.

En attendant, le mot de République est mis à l'écart

autant que possible. On évite, que dis-je ? on rougit de le prononcer. Il semble aux moins clairvoyants qu'on veuille la faire oublier, l'user peu à peu et adoucir insensiblement la transition en somme plus nominale que réelle au régime monarchique.

En vérité, les soi-disants conservateurs assument sur eux une terrible responsabilité ! Périsse la France plutôt que notre principe, semblent-ils dire. Nous ou le néant. Que la France devienne plutôt une seconde Pologne !

Heureusement, les véritables conservateurs veillent !

De l'Égalité

L'égalité peut être envisagée sous deux points de vue différents. Et d'abord est elle possible en tant que principe ? — Personne n'oserait soutenir sérieusement une telle affirmation, car l'égalité n'existe pas à vraiment dire, et n'a jamais été établie nulle part, pas plus dans les choses de l'esprit que dans celles purement physiques et matérielles. Tout au contraire, on peut affirmer (et c'est une observation que tout le monde a faite) que l'infinie diversité est une des lois immuables de la nature.

M. Charles Bigot, dans son récent et remarquable travail : *Les classes dirigeantes*, pense que l'humanité est fatalement divisée en deux parties inégales sous le rapport de l'intelligence, de la fortune et de la naissance. Nous sommes entièrement de cet avis. Sans nul doute les préjugés attachés aux titres et à la naissance devront disparaître avec le temps, mais l'inégalité de la fortune intimement liée à l'inégalité intellectuelle est un fait indépendant de la volonté des hommes et contre lequel il est impossible de réagir.

L'égalité peut elle au moins être considérée comme une tendance, comme un idéal que nous devrons nous efforcer d'atteindre sans jamais y parvenir.

Certes oui, mais à une condition toutefois, c'est que pour rechercher cet idéal, on ne prenne pas comme point de départ ce qu'il s'agit justement d'atteindre, c'est-à-dire l'égalité elle-même. Le chemin à parcourir devra donc être modifié, et puisque l'égalité n'existe pas d'une manière absolue, n'est qu'une abstraction purement hypothétique sans consistance véritable, il est indispensable, si on veut l'établir véritablement, de supposer quelque chose qui lui soit antérieur et lui serve de base.

Or, cette base primordiale de l'égalité n'est autre que *la liberté*, qui seule est capable de la définir et de la donner.

Tout système basé sur l'égalité en tant que principe ne peut donc résister à l'examen le plus superficiel, et toutes les conséquences qui sont déduites même logiquement d'un principe faux, sont par suite aussi fausses que le principe lui-même. Tel est le *communisme*.

✳
✳ ✳

Le *communisme* est cet ensemble de doctrines qui considèrent la mise en commun des choses et même des personnes comme l'idéal de la perfection dans la société.

Le communisme, au moyen de la force collective de l'Etat, s'empare de tous les produits matériels pour les répartir d'une façon conforme à l'intérêt général. Afin de pouvoir arriver à ce but, il dirige la production, et, par suite, dispose des producteurs eux-mêmes. Il assigne à chacun sa tâche, et pour que personne ne puisse l'éviter, il force tout le monde au travail en commun. L'économie est impossible, car celui qui voudrait épargner prendrait pour lui seul un bien qui est à tous ; par suite, l'individu doit consommer en commun. Dans de telles conditions, le maintien de la famille est également impossible, car elle amènerait la préférence des siens aux autres ; la famille est donc abolie, et les femmes sont en commun. Recherche son père qui pourra ! La religion, s'il y en a une, sera aussi commune. L'Etat sera tout, l'individu rien !

Tout hostiles qu'elles soient à la liberté individuelle, à la dignité même de l'homme, ces utopies communistes ont existé de tout temps. Lorsque nous remontons, en effet, aux premiers âges de l'humanité, nous voyons naître, en même temps que l'agriculture, une loi de propriété foncière qui n'est pas autre chose que le communisme. Une famille établie sur un terrain quelconque vient-elle à le défricher et à le cultiver, le terrain et ses récoltes deviennent sa propriété ; avec le temps, cette famille primordiale se subdivisant à son tour, le groupe occupe la plupart du temps la même demeure, modifiée, suivant les besoins, en une longue cabane, dans laquelle chaque famille a son foyer particulier. Cette fédération primitive possède en commun les terrains contigus qu'elle cultive.

Toutes les fois que nous nous reportons au-delà du moyen-âge, pour l'Europe en particulier, nous trouvons cette formule de la théorie barbare de la propriété territoriale : Landes et forêts à la tribu, prairies au pacage commun, terrains cultivés à la famille.

A ce moment, le communisme, il faut le reconnaître, produisit parfois des résultats remarquables : il donna naissance à une sorte de patriotisme de tribu, souvent étroit et égoïste, mais qui devint, avec le temps, le point de départ et le fondement de toutes les sociétés.

Dans les premiers âges de l'humanité, le communisme est donc possible comme système social; il peut représenter l'ordre, ordre tout artificiel, il est vrai, mais reconnu à ce moment et respecté.

A une époque intermédiaire, et dès qu'il y eût surabondance de population, dès que le besoin des progrès industriels et sociaux commença à se faire sentir, les inconvénients du système apparurent, et le *communisme* dût céder la place à l'*individualisme*, où chacun est maître de ses actions, de sa personne et de sa fortune. Alors, le communisme avait fait son œuvre, il ne pouvait plus convenir à une société plus avancée, il était incapable de donner l'ordre. En vain essaie-t-il de s'implanter dans les sociétés plus civilisées, il ne peut y réussir et ne laisse à travers les siècles que des traces parfois sanglantes de son impuissance et de ses folies.

Dans l'antiquité, l'idéal du communisme fut réalisé à Sparte, avec les fameuses lois de Lycurgue ; mais encore ne pût-il exister qu'en s'appuyant sur l'esclavage des Ilotes, lesquels étaient condamnés aux travaux forcés de l'agriculture et des arts utiles, tandis que les Spartiates eux-mêmes étaient dressés uniquement pour la guerre. A vrai dire, le communisme de Sparte était plus conséquent que celui d'aujourd'hui, car Lycurgue, bien loin de promettre aux membres de la société la jouissance et la richesse en commun, leur prêchait au contraire l'abstinence et la pauvreté.

*
* *

Le *socialisme* naquit directement du communisme, mais il n'est lui-même qu'un communisme bâtard et inconséquent, ce qu'est, pourrait-on dire, l'orléanisme à la monarchie légitime.

Le socialisme, en tant que doctrines, ne nie pas la propriété d'une façon absolue comme le communisme, mais il veut en transformer la nature et en corriger les effets. Il a condamné à mort le capital, ce travail accumulé, et il rejette le salariat comme étant un des derniers vestiges de la servitude. Il n'admet ni la concurrence, ni la liberté de disposer de la fortune acquise, toutes conditions sans lesquelles la propriété, quand bien même ils l'admettraient en principe, devient impossible.

Toutes les utopies communistes ou socialistes, chose remarquable, sont nées dans la servitude ; elles proviennent toujours de la réaction naturelle, fatale, qui suit l'abus du principe autoritaire.

Avant 89, alors que la spoliation, la violence et le vol primaient le droit et la liberté, alors que la justice était le droit du plus fort et que le principe autoritaire de *droit divin* s'instituait en oppresseur de la nation, le terrain était admirablement préparé pour les utopies socialistes ; car, en vérité, l'inégalité naturelle qui existe chez les hommes dépassait toutes proportions. La noblesse et le clergé se considéraient comme étant d'une espèce supérieure à la vile plèbe, gent taillable et corvéable à merci ; les uns et les autres d'ailleurs, nobles, bourgeois et manants, ne connaissaient pas, ne pouvaient pas connaître la liberté.

On vit alors des hommes tels que Montesquieu et J.-J. Rousseau réagir contre le régime du bon plaisir et des lettres de cachet, et chercher un système social meilleur dans le principe d'égalité.

Pendant la Révolution, l'utopie de Babœuf naquit dans les prisons de la réaction qui suivit la terreur, de même que le communisme lubrique du moine Campanella était né dans les cachots d'Italie, alors que la liberté publique étant expirante, il n'y avait plus rien à espérer que la folie.

La fameuse conspiration de Babœuf a été pendant trois quarts de siècle et jusqu'à la Commune du 18 mars 1871, le point de départ de tous les spectres rouges. Depuis ce temps, les hommes qui s'emparèrent du pouvoir et voulurent le conserver à tout prix, exploitèrent sans relâche et avec un succès inépuisable la peur et l'ignorance ; ils affirmèrent que la société en péril a besoin d'être protégée contre quelques utopistes, et sous ce prétexte menteur, ils confisquèrent à leur profit toutes les libertés.

Aujourd'hui le spectre rouge a repris une nouvelle

jeunesse. Il s'appelle la Commune de 1871. Les excès de la Commune ont amené dans l'esprit des conservateurs monarchistes une réaction qui n'attend depuis cette époque que le moment favorable pour s'affirmer. Et cette réaction elle-même était tellement évidente, tellement sûre, que les hommes sensés avaient entrevu tout de suite à travers les crimes de la Commune l'esprit provocateur des agents impérialistes, coutumiers du fait.

Notre dessein n'est pas ici de faire l'historique des diverses doctrines socialistes. A vrai dire, il y a autant de théories différentes que d'individus.

Chacun raisonne suivant ses intérêts ou ses passions. Le socialisme, à ce point de vue au moins, est beaucoup plus répandu qu'on ne le pense, et certains conservateurs obstinés, de ceux qui applaudissaient Napoléon III lorsqu'il s'écriait : « On ne discute pas avec les socialistes, on les tue », seraient bien étonnés d'apprendre qu'ils ont sans le vouloir donné leur concours à des mesures économiques empreintes du plus pur socialisme.

Cela devrait les inviter à montrer un peu plus de tolérance.

Certes, nous sommes loin de partager les idées des doctrinaires socialistes, mais nous estimons que le seul droit que nous ayons contre eux, c'est l'enseignement ; et, sans qu'il soit besoin d'une réfutation facile à l'aide de la science économique, les faits suffisent amplement pour démontrer l'inanité des principales doctrines.

La révolution de 48 a vu au pouvoir un doctrinaire, M. Louis Blanc, membre du gouvernement provisoire. Certes, M. Louis Blanc était dans une situation admirable pour faire valoir et mettre en pratique ses théories, et il se garda bien de laisser échapper une pareille occasion. Il voulut organiser le travail, en donnant pour ainsi dire à chaque travailleur une action contre la société. Qui ne se rappelle l'insuccès des ateliers nationaux ?

M. Proudhon, un autre socialiste, a pu, lui aussi, expérimenter son fameux système de la banque gratuite de crédit mutuel ; mais son établissement inspirait si peu de confiance aux détenteurs du numéraire, qu'il mourut d'anémie pour ainsi dire avant d'avoir vécu.

Nous ne parlerons pas des nombreuses théories socialistes que vit naître ou grandir la révolution de 1848.

Toutes, celles de Saint-Simon, de Cabet, de Pierre Leroux et de tant d'autres, ne sont déjà plus qu'à l'état du souvenir.

Mais le socialisme doctrinaire n'est pas mort pour cela, ainsi qu'on a pu le voir dans les réunions publiques de 1868 et 1869, ainsi qu'on ne l'a malheureusement que trop éprouvé pendant la Commune.

*
* *

Aujourd'hui comme en 1848, on peut dire que les socialistes se sont fractionnés à l'infini, de telle sorte qu'il y a autant de sectes que d'individus.

Toutefois, on peut les ramener à trois groupes principaux :

1° *Les communistes proprement dits*, c'est-à-dire ceux qui regardent la force de l'état comme une sorte de panacée universelle, et s'en remettent à lui du soin de tout diriger. Dans ce système, l'individu n'existe plus comme être libre et responsable ; ce n'est plus qu'une sorte d'animal qui a des besoins, et c'est l'État qui a mission de répartir les produits de la collectivité, travaillant en commun, conformément à ce principe : *l'égalité des salaires.*

2° *Les communistes individualistes*. Ceux-là sont inconséquents avec eux-mêmes, car ils respectent la liberté et la responsabilité de l'individu dans une certaine mesure. Aussi, ils veulent que la société produise collectivement ; mais ils admettent cependant que chaque nombre puisse consommer individuellement.

3° *Les mutuellistes*, disciples de Proudhon. Ceux-là veulent arriver à la transformation de la société par la gratuité du crédit. Le numéraire métallique étant gênant en ce sens qu'il représente une valeur réelle par lui-même, ils le suppriment et le remplacent par du papier-monnaie, prêté gratis à tout le monde par une banque de crédit mutuel dont l'Etat aura le monopole.

Ces différents groupes communistes sont affiliés aujourd'hui et depuis 1864 à la fameuse Association internationale des travailleurs.

L'histoire de l'Internationale est écrite toute entière dans les différents congrès qu'elle a tenus à Genève, Lausanne, Bruxelles et Bâle (1866-1869). Son but est la réorganisation sociale au moyen de la fédération universelle de tous les travailleurs. Ses principes dérivent du socialisme ou plutôt du communisme sous toutes ses formes, collectiviste, mutuelliste, individualiste. Les délégués ouvriers aux congrès de l'Internationale, après avoir voulu tout démolir, ne sont pas encore parvenus à s'entendre pour réédifier ; cependant, au congrès de Bâle de 1869, il a été pris à l'unanimité moins quatre voix la déclaration suivante :

1° La société a le droit d'abolir la propriété individuelle du sol et de faire rentrer le sol à la communauté ;

2° Il y a nécessité de faire passer le sol à la propriété collective.

Ce qui revient à peu près à ceci : L'État est tout, et l'individu n'est rien ; personne n'a le droit d'être libre ; le progrès comporte la servitude générale ! Singulière théorie, et bien faite pour donner des craintes légitimes aux classes conservatrices, si la mise à éxécution était possible. Aussi bien, et nous ne cesserons de le répéter sous toutes les formes, il ne s'agit pas de ne pas vouloir envisager le danger pour qu'il disparaisse, il ne suffit pas de persécuter une idée pour l'arracher des esprits, il faut convaincre.

« Pour dompter le communisme, a dit M. E. Franck, « la force ne suffit pas, il faut lui ajouter l'instruction ; « une instruction plus solide et plus saine, distribuée « d'une main libérale à tous les degrés de l'enseignement, « surtout dans l'école primaire. Il ne faut pas se lasser de « rechercher non plus les améliorations de plus en plus « considérables qu'on peut introduire dans les relations du « capital et du travail, sous l'empire des lois protectrices « de la propriété et de la liberté individuelle. »

L'Assemblée qui vient de se dissoudre, après une discussion passionnée, a défendu l'existence de l'Association internationale en France, et des ouvertures ont même été faites dans le même sens aux autres gouvernements ; en agissant ainsi, n'a-t-on pas commis une grande faute ? N'a-t-on pas donné à la fameuse société une importance exagérée ? Ne doit-on pas craindre de lui faire une sorte d'auréole en la persécutant, en faisant de ses adhérents comme des martyrs d'une cause sainte ? Ah ! on ne peut ignorer une chose au moins, c'est qu'on a semé la haine, et les partisans du régime autoritaire en profitent chaque jour pour demander le seul régime qui, suivant eux, puisse nous convenir, le régime du sabre !

De quelques erreurs des conservateurs et des socialistes à propos de liberté et d'égalité, leurs causes, leurs conséquences.

Les conservateurs monarchistes, effrayés à tort ou à raison par le programme des doctrines socialistes, ont fait du socialisme un monstre mystérieux, prêt à tout dévorer. Leurs gouvernements les ont entretenus dans cette idée que, sans un gouvernement fortement organisé, les socialistes eussent depuis longtemps mis leurs rêves à exécution et proclamé l'abolition de la propriété individuelle. Personne ne s'est demandé si l'entreprise serait facile ou même possible ; on ne s'est même pas dit tout bas qu'en somme la propriété très-divisée en France était le lit du plus grand nombre. On a eu peur !

Eh bien ! approchons-nous, voyons ce monstre de près, prenons-le corps à corps, afin que nous sachions bien ce qui le rend si redoutable ou ce qui lui donne une apparence de force.

Et d'abord, qu'est-ce donc, à vrai dire, que le socialisme ?

Le socialisme, dégagé de toutes les exagérations utopistes avec lesquelles les gouvernements autoritaires savent si bien effrayer les classes riches, n'est au fond que la recherche de ce problème : *l'amélioration du sort de la classe ouvrière.* C'est, si l'on veut, la tendance invincible, fatale, qui pousse les classes inférieures de la société à arriver, elles aussi, au bien être matériel et moral.

Or, en ne l'envisageant que sous ce point de vue de *tendance*, le socialisme est-il dangereux et les classes riches de la société ont-elles lieu de s'en effrayer ? Doivent-elles s'opposer à cette agitation inquiète et qui ne se définit pas bien elle-même, des classes prolétaires et la refouler

comme un danger social ? Disons-le bien vite. — Non, les
classes riches n'ont pas lieu de s'effrayer, non, elles ne doivent pas chercher à refouler cette tendance vers le bien-
être du prolétaire.

Chez tout individu existe le désir d'élever sa condition,
d'augmenter son bien-être et celui des siens ; c'est ce désir,
cette aspiration incessante vers de nouveaux besoins, cette
soif de connaître, de jouir, d'aller toujours en avant, qui
donne à l'homme le sentiment de sa perfectibilité et lui
permet de s'avancer progressivement dans la civilisation.
Certes, ce sentiment tout instinctif existe à un haut degré
chez les classes pauvres, justement parce qu'elles ont
davantage à espérer ; mais le fait en lui-même n'est pas autre
chose qu'une conséquence fatale de la condition même de
l'homme sur la terre, qu'un acte, pourrait-on dire, indépendant de sa volonté.

Eh bien! un gouvernement, si fort qu'il soit, peut-il avoir la
certitude de refouler indéfiniment ces aspirations de l'homme
vers un avenir meilleur ? Une telle affirmation serait certainement contraire à tous les faits de notre histoire con-
temporaine ; car elle ne tiendrait aucun compte de la puissance de ce sentiment inévitable : l'*amour de l'égalité.*

Depuis la Révolution, l'amour de l'égalité est plus que
jamais la passion dominante du peuple français. Elle ne
provient pas seulement chez nous d'un sentiment jaloux de
la dignité de l'individu, mais aussi et surtout d'un besoin
immodéré de justice ; c'est à ce sentiment-là qu'il importe
avant tout de donner satisfaction ; et c'est pourquoi le rôle
de tout gouvernement véritablement politique et libéral est
de venir en aide aux réclamations des classes prolétaires
dans ce qu'elles peuvent avoir de juste et de bon ; le devoir
d'un tel gouvernement est de s'efforcer, dans l'intérêt
même de l'existence de la société, de ne pas laisser dévier

un sentiment louable à l'origine en une revendication haineuse.

On nous objectera sans doute qu'à plusieurs reprises, dans l'histoire des peuples, les classes inférieures ont placé parfois la société sous le coup d'une destruction totale, témoins, l'insurrection des *Lollards* en Angleterre et celle des *Jacques* en France? Mais la société à son tour peut-elle se donner à elle-même ce témoignage qu'elle a fait pour *Jacques Bonhomme* tout ce qu'elle devait faire ? — Ce serait en vain ! Tout le monde sait surabondamment que la *Jacquerie* n'a pas été autre chose qu'une réaction populaire, qu'un soulèvement formidable provoqué par l'orgueil et les violences de la féodalité.

Quel chemin devrons nous prendre, si nous voulons éviter les fautes du passé et prévenir les scènes sanglantes qu'elles ont produites ?

Un seul, celui de la liberté, car nous y trouvons l'égalité vraie.

*
* *

Mais, nous dira-t-on, la liberté donnera-t-elle du pain à ceux qui ont faim et des habits à ceux qui sont nus ? Un peuple affamé et misérable se soucie peu de la liberté !

Assurément, le gouvernement fondé sur le principe de liberté, la République, n'apportera pas avec lui la suppression de la misère; il n'appartient guère qu'à certains gouvernements sans pudeur de faire des promesses qu'ils savent ne pouvoir tenir. Mais tout au moins la République donnera à l'individu la possibilité d'augmenter son bien-être et celui des siens, en supprimant toutes les entraves qui s'opposent à sa libre expansion. La fortune privée est solidaire avec la fortune publique, et celle-ci (ainsi que nous le démontre la science économique) est intimement liée à la production. Or, la production est bien loin d'avoir dit son dernier mot, et c'est dans son développement de plus en plus considérable que nous trouverons la solution du problème que nous cherchons.

A vrai dire, la misère tend déjà de jour en jour à disparaître. Depuis la Révolution de 89, l'agriculture et l'industrie, ces deux sources inépuisables de la richesse publique, ont fait l'une et l'autre un pas de géant. Le revenu moyen, qui n'était il y a un siècle que de 140 livres par tête, a atteint aujourd'hui 500 francs, et chaque jour il tend à s'élever davantage. Avec l'organisation définitive d'une République vraiment libérale, des réformes économiques seront nécessaires ; elles marqueront certainement une ère nouvelle dans l'augmentation de la fortune publique et par suite dans l'augmentation du revenu moyen de chaque individu.

En vain voudrait-on le nier, la France, si riche qu'elle soit, est entravée dans son essor par une foule de règlements imbus du vieil esprit autoritaire. La révision complète de beaucoup d'entre eux sera la solution d'autant de problèmes et la conséquence inévitable de la liberté au double point de vue politique et économique.

Lorsque par un régime solide de libertés vous aurez donné à l'ouvrier conscience de sa dignité et de la responsabilité qu'elle entraîne avec elle, lorsque par l'instruction économique vous lui aurez fait comprendre que la richesse publique et son propre bien-être sont liés à la puissance de la production, lorsque vous lui aurez fait sentir que la division égale du revenu industriel et agricole entre tous les membres de la société serait la ruine de cette même production, lorsque vous aurez développé sur une large échelle les sociétés de crédit et de prévoyance, et sollicité l'épargne en multipliant les caisses de dépôt, lorsque vous aurez reconnu les droits de réunion et d'association et dégagé le travail de toutes les chaines qui l'entravent, alors seulement vous aurez fondé l'ordre, le seul ordre logique et véritable, l'*ordre par la liberté!*

Voilà dans quel sens, nous, républicains, nous sommes et devons être socialistes ; et nous pensons fermement que dans de telles conditions les prétentions exagérées, à la fois impraticables et dangereuses des socialistes doctrinaires, déviation de l'instinct légitime et tout naturel dont nous parlions ci-dessus, n'ayant plus de base pour réagir, ne pourraient par conséquent plus exister.

*\
*   *

Depuis la première République, les soi-disant conservateurs ont jugé très-commode pour la défense de leur cause de rendre cette forme de gouvernement responsable de toutes les erreurs des socialistes. La République, pour eux, est tout entière définie et limitée par les évènements de 93, les journées de juin et la révolution du 18 mars.

Ils se soucient médiocrement de la vérité historique ou même de la vraisemblance, et il ne saurait en être autrement, car s'ils pouvaient raisonner sainement et froidement, c'est-à-dire autrement qu'avec leurs passions et leurs préjugés mal compris, ils cesseraient à proprement parler d'être des conservateurs.

Depuis les terribles évènements de la Commune, certains d'entre eux n'ont pas eu honte de proclamer tout haut dans leurs feuilles, dans leurs réunions, dans le public, que la République était responsable des crimes de la Commune, et que son établissement définitif serait le triomphe du socialisme, l'acheminement vers la Révolution sociale.

Il est à craindre, disent-ils, que les révolutionnaires socialistes, sous un gouvernement républicain, ne profitent de l'absence d'un pouvoir fortement organisé pour tenter l'essai de leurs dangereuses théories.

Étrange assertion, en vérité, de la part de gens assez aveugles pour ne point voir que le danger vient d'eux-mêmes, de leur obstination coupable, ou de leur indifférence égoïste ! Jamais, sans le concours inouï de fatalités de toutes sortes causées par nos désastres, jamais surtout sans le malentendu profond provoqué par l'attitude ouvertement monarchique de la majorité autoritaire de Versailles, la Commune n'eut pu s'établir même à Paris.

Qu'on se le rappelle bien, il n'y a point d'équivoque possible. D'un côté, Paris ruiné, affamé, exaspéré par un désastre sans précédent dans l'histoire, désastre que son héroïque attitude n'avait pu empêcher ; de l'autre, l'Assemblée de Versailles. D'un côté, Paris ne demandant pour prix de son abnégation pendant le siége et de son dévouement que la conservation de la République ; de l'autre, Versailles n'ayant pour la grande cité qu'une méfiance inqualifiable, et ne dissimulant pas ses projets de réorganisation monarchique.

Qu'arriva-t-il alors ? Tout Paris, on peut le dire, se trouva uni à ce moment-là au moins par une haine commune contre les adversaires de la République ; puis une scission ne tarda pas à se faire entre républicains et socialistes, entre les partisans de la liberté individuelle et ceux du principe d'égalité, car la République existait de nom au moins, et l'homme éminent qui se trouvait à sa tête, honorable entre tous, avait juré de rendre intact le dépôt qui lui avait été confié.

En somme et en fin de compte, par la force des circonstances et la marche des évènements, le socialisme dans ce qu'il a de plus vil et de plus bas se trouva seul maître de Paris. Eh! bien, on a vu la Commune à l'œuvre; nous savons quelles étaient ses tendances, quel était son but, par quels hommes elle était dirigée. Nous sommes loin, pour notre part, d'en faire l'apologie, et nous flétrissons avec énergie les actes de vandalisme qui l'ont déshonorée. La Commune n'a pas échappé à cette loi universelle en vertu de laquelle les causes, lors même qu'elles seraient justes, périssent par les vices et les violences de leurs défenseurs; et du reste, en ne l'envisageant qu'au seul point de vue politique, elle a vite perdu créance aux yeux des hommes sensés, même les plus radicaux, car ceux qui se sont fait un noble idéal de la liberté ont dû voir avec indignation ce genre de gouvernement plus autoritaire et plus despotique que tous ceux qui l'avaient précédé.

Les républicains sincères prévoyaient bien que la liberté pouvait recevoir une atteinte profonde dans la tempête révolutionnaire au milieu de tout ce sang versé. Les partisans de la Commune l'avaient laissée toute meurtrie et ensanglantée sous les ruines de Paris, il appartenait ensuite aux *conservateurs* de faire tous leurs efforts pour l'achever.

Chose remarquable en effet, ces deux extrêmes, l'exagération arbitraire et l'exagération socialiste, se touchent, arrivent enfin de compte au même but : *destruction ou mutilation de la liberté.*

En est-il de même entre l'idée républicaine et l'idée socialiste de la Commune? — Non certes, car les républicains et les socialistes partent d'un point de départ bien distinct sans jamais pouvoir se rencontrer sur le chemin à parcourir.

La République part de ce principe, la liberté individuelle. Elle en déduit comme conséquences primordiales
la reconnaissance formelle de la famille, de la propriété,
de la religion.

Les doctrinaires socialistes, au contraire, partent d'un
principe faux, l'égalité mal comprise, et ils en arrivent à
cette conséquence : destruction de la société actuelle.

La République veut le développement de l'individu et
comporte tout progrès par l'essor donné à la liberté d'é-
crire, de penser, de travailler.

Le socialisme rêve l'absorption de l'individu par la
collectivité ; il sacrifie les vrais droits pour donner naissance à des droits chimériques ; en rendant la liberté stérile,
il amène partout la ruine et la mort.

Si l'on en pouvait douter un instant, on n'aurait qu'à lire
les organes socialistes. Qu'on en juge :

Le *Progrès de l'Oise*, dans son numéro du 29 janvier 1870, dit :

Les radicaux, les partis politiques mêmes les plus avancés,
veulent simplement replâtrer l'édifice social en lui conservant
ses bases actuelles. Nous voulons, nous, faire table rase et
tout reconstituer à neuf ; voilà dans quel sens nous sommes
révolutionnaires.

Le *Progrès du Loiret*, dans son numéro du 29 avril
1870 :

Ce qui nous sépare *radicalement et irrémédiablement*, nous
autres socialistes, des hommes politiques *les plus radicaux*,
c'est que pour ces derniers la liberté est tout, absolument tout.
Ils disent : la liberté d'abord, la solidarité après. Devise profondément illogique..... Nous disons, nous, et nous ne nous
lasserons pas de le répéter : la solidarité d'abord, la liberté
après.

L'*Internationale*, dans son numéro du 23 janvier 1870 :

Raspail et Rochefort voudraient être socialistes, mais *ils ne le peuvent pas*, parce que, à l'instar de tous ces démocrates bourgeois, ils partent d'un point de vue absolument faux, qui est celui de la liberté individuelle.

Ainsi l'antagonisme est bien accusé et l'accord n'est pas possible entre deux points de départ aussi opposés que le principe de liberté et le principe d'égalité tel que le comprennent les socialistes doctrinaires. Mais voilà qui est bien plus explicite encore et qui va démontrer clairement à quel régime politique entendait se ranger la société future rêvée par les socialistes de l'*Internationale*.

La solidarité, dans son numéro du 11 avril 1870 :

Considérant que... *tout gouvernement ou état politique* n'est rien autre chose que l'organisation de l'exploitation bourgeoise, exploitation dont la formule s'appelle le droit juridique ; que toute participation de la classe ouvrière à la politique bourgeoise gouvernementale ne peut avoir d'autres résultats que la consolidation de l'ordre de choses existant, ce qui paralyserait l'action révolutionnaire socialiste du prolétariat, le congrès Romand recommande à toutes les sections de l'Association Internationale des travailleurs de renoncer à toute action ayant pour but d'opérer la transformation au moyen des réformes politiques nationales.

Enfin, l'année précédente, le congrès de Bâle avait fait entrevoir quel serait dans sa pensée le gouvernement de l'avenir pour les socialistes de l'Internationale :

« Le groupement des sociétés de résistance, a-t-il dit, formera *la commune de l'avenir*, et le gouvernement sera remplacé par les conseils des corps et métiers. »

Ainsi, la vérité est que le socialisme n'attache aucune importance à la forme du gouvernement ; la forme républicaine comme la forme monarchique lui sont également indifférentes. Son ennenmi est surtout *le capital* ; son cri de ralliement, *plus de salariat* ; son but, la *réorganisation sociale.*

Pour nous, sans nous effrayer ou même nous préoccuper de folles utopies, nous voyons plus que jamais la prospérité de la France liée à une forme spéciale de gouvernement. La République libérale, démocratique et progressive nous apparaît comme le gouvernement de tous les conservateurs véritables, car là où les autoritaires ont été fatalement voués à l'impuissance, en vertu même de leurs principes, elle seule peut, en donnant satisfaction à la partie honnête et intelligente du prolétariat et en fondant sur de larges bases la liberté, enlever tout prétexte aux agitations socialistes et amener la pacification des esprits par l'accord des intérêts.

* *

Lorsque l'on étudie la marche ascendante du socialisme depuis la Révolution, on ne tarde pas à acquérir la conviction que ses progrès rapides tiennent à deux causes, qui sont :

1° *L'ignorance des lois économiques ;*
2° *L'abus du principe d'autorité.*

Ces deux causes elles-mêmes étant la conséquence immédiate de l'établissement des gouvernements monarchiques, royauté ou empire, il suffit de faire disparaître ceux-ci, pour que les effets qui en ressortent cessent de se produire.

L'ignorance est un des grands moyens de domination des gouvernements autoritaires ; l'asservissement devient facile lorsque l'on enlève à l'individu la possibilité de faire valoir ses droits. Ceux même qui ont paru vouloir propager l'instruction dans une certaine mesure ont astreint les établissements où elle se donne à un programme limité dont il était défendu de s'écarter. De cette façon, les élèves reçoivent tous la même empreinte, c'est-à-dire sont admirablement préparés pour la servitude. Si parfois l'élève, devenu homme, vient à se débattre dans les entraves avec lesquelles on a voulu enchaîner son libre arbitre, comme l'instruction qu'il a reçue lui a appris à se défier de la liberté, il se jette aisément dans les utopies socialistes et devient ainsi, non plus même un adversaire du gouvernement, mais un ennemi de la société.

Avant de répandre l'instruction, il est donc indispensable de provoquer une réforme complète de notre enseignement ; et quand nous parlons d'enseignement, nous n'entendons pas seulement le côté étroit qui consiste dans la transmission de certaines connaissances, mais nous envisageons aussi et surtout, comme l'a si bien dit M. Michel Bréal, professeur au Collége de France, la partie qui a pour but d'ouvrir l'intelligence, d'éveiller les facultés, d'habituer l'élève à se rendre compte des choses et de le mettre en état de pouvoir apprendre plus tard par lui-même.

L'étude généralisée et mise à la portée de tout le monde de l'économie politique, eût été un rémède infaillible à opposer aux exagérations socialistes. Malheureusement, les gouvernements autoritaires l'ont toujours repoussée de leur enseignement. Pourquoi ? Parce qu'elle est l'ennemie de tout privilége, de tout monopole, de toute tyrannie, d'où qu'elle vienne ; parce qu'elle s'est donnée pour mission de détruire les erreurs, les préjugés engendrés par la coutume et l'exercice du principe d'autorité.

Les socialistes, de leur côté, la maudissent parce qu'elle s'élève avec la plus grande énergie contre leurs doctrines contraires à toutes les données de la science et souvent même du simple bon sens ; parce qu'elle enseigne qu'en fait de réorganisation sociale, le meilleur instrument et le meilleur juge est l'individu, et qu'au lieu d'assujettir celui-ci à la collectivité, comme le voudraient les socialistes, elle veut, au contraire, surélever ses facultés et lui apprendre à ne rien attendre que de lui-même.

Que ne suit-on l'exemple de l'Angleterre, cette terre classique de la liberté ? L'Angleterre, depuis longtemps déjà, a compris l'immense avantage que la vulgarisation de la science économique peut donner au maintien de l'ordre dans la société ; des manuels élémentaires ont été imprimés à des centaines de milliers d'exemplaires et répartis dans toutes les écoles du Royaume-Uni. Les enfants, en se familiarisant de bonne heure avec les lois de *l'offre et de la demande*, avec les *relations du capital et du travail*, apprennent ainsi à devenir des hommes pratiques, et ne se laissent pas aller à des rêves décevants comme le font les socialistes en France.

Le fait paraît encore plus remarquable, lorsque l'on considère comment la richesse publique est inégalement répartie chez nos voisins.

Ainsi, tandis que chez nous la propriété est tellement divisée qu'on a pu dire avec une apparence de raison qu'elle tombait en poussière, en Angleterre, elle n'appartient qu'à un petit nombre de privilégiés. Lorsque nous comptons en France plus de *onze millions de cotes*, réparties, d'après un travail fait il y a une dizaine d'années par M. Frédéric Passy, entre *près de six millions de propriétaires*, l'Angleterre, pour une population égale aux trois quarts de la nôtre, n'en a que *deux cent cinquante mille*, sur lesquels *deux mille* environ possèdent à eux seuls le *tiers du sol*.

En d'autres termes, il y a environ *dix-sept fois* plus de

propriétaires, toutes proportions gardées, en France qu'en Angleterre !

Il est superflu de se demander quelles profondes racines eussent jetées les doctrines socialistes dans un tel milieu, si l'aristocratie anglaise avait aussi mal compris ses véritables intérêts que nos *classes dirigeantes.*

Fort heureusement pour elle, elle sut faire d'intelligentes concessions en inaugurant, sur une large base, un sérieux système de libertés, et coupa fort à propos le mal à sa racine ; on ne voit jamais, en Angleterre, ces perturbations sociales, ces révolutions dont il semble que nous ayons le monopole. Il est possible qu'un jour ou l'autre le peuple anglais veuille se mettre en République ; mais assurément il ne rêve pas la révolution sociale.

Une conséquence directe de l'ignorance des lois économiques fut la perturbation profonde apportée dans le monde industriel par l'introduction des machines dans l'industrie.

Cette révolution industrielle contribua, dans une certaine mesure, à développer le socialisme actuel. Après 1815, alors que l'Europe, épuisée de luttes et couverte de sang, n'éprouvait, d'un bout à l'autre du continent, qu'un immense besoin de repos, l'industrie, longtemps paralysée par les luttes gigantesques du premier empire, se réveilla avec plus d'énergie que jamais ; des machines merveilleuses et d'une puissance énorme furent inventées et activèrent la création de produits dont la demande semblait inépuisable ; les salaires, relativement élevés, attirèrent en foule dans les usines les ouvriers des campagnes ; tout alla bien pendant quelque temps. Cependant la concurrence avait fait naître de nouvelles industries, la production, surmenée au-delà de toute prévision, dépassa l'offre ; nombre d'industriels furent forcés de s'arrêter ou de faire faillite, et leurs ouvriers se trouvèrent sans travail. Certes, il y avait manque de prévoyance de la part des patrons ; mais peut-on leur en faire un reproche, à eux qui en furent les premières victimes ? Pouvaient-ils prévoir que cet usage tout nouveau des machines dans l'industrie dérangerait toutes les prévisions ordinaires, déjouerait tous les calculs ? Quant aux ouvriers, quels raisonnements pouvaient-ils faire ? Ils souffraient ! Ils ne virent que leurs souffrances, et, dans leur ignorance, ils accusèrent les machines d'en être la cause.

Ils ne virent pas que les machines, loin de diminuer le travail, l'augmentent au contraire dans une proportion inouïe. A la vérité, elles déplacent les existences, de telle sorte que si une usine vient à être supprimée sur un point, la chose se passera, pour les ouvriers de la localité, comme si le travail n'était plus possible pour eux. Et encore cet inconvénient devient-il moindre de jour en jour avec cette facilité merveilleuse des communications qui rapproche et appelle de toutes parts les divers éléments de la production ; néanmoins, on conçoit facilement que les ouvriers aient cru voir dans les machines un concurrent redoutable, et par suite dans le capital, qui permet d'en acquérir, un ennemi. De là à ces doctrines socialistes dont les signes de ralliement sont : *plus de concurrence, asservissement du capital au travail, plus de salariat*, la filiation est facile à comprendre.

★
★ ★

Nous arrivons maintenant à la cause réelle du malaise, au fait même qui a servi de base, et pour ainsi dire de définition à la réaction socialiste, à l'abus du principe d'autorité relativement au *système de réglementation des profits des industriels aux dépens des salaires des ouvriers.*

Avant 89, l'ouvrier était astreint pour l'exercice de sa profession à tout un système compliqué d'entraves de toutes sortes, sous le nom de *corporations, maîtrises, jurandes*. Cet état de choses, établi dès l'origine pour protéger la liberté du travail contre les violences de la féodalité, durait depuis environ cinq siècles, lorsque la tempête révolutionnaire l'emporta définitivement. Alors le travail fut libre, chacun put choisir sa profession et l'exercer dans tel lieu qui lui convint. L'ouvrier habile, intelligent, se trouva bien de cette liberté nouvelle, car elle lui donnait toute latitude d'exercer ses talents, son esprit d'initiative, ses connaissances acquises; mais, pour la grande masse ouvrière, les résultats ne furent plus les mêmes. On peut dire qu'elle se trouva à peu près dans les mêmes conditions que l'esclave émancipé de l'ancienne Rome. La liberté, en lui donnant conscience de sa dignité et de la responsabilité qui vient à sa suite, lui pesa, et il la maudit, parce qu'il ne sût pas s'en servir. Peut-être arrivait-elle trop vite, et la transition était-elle trop brusque? A ce moment, il eut peut-être été nécessaire de protéger momentanément l'ouvrier contre le capitaliste et de ne pas le laisser tout à coup, et du jour au lendemain, seul, isolé, sans appui, en face de la liberté et de la concurrence. Tout au moins, il eut été de la plus stricte justice de faire la balance égale entre ouvriers et patrons et de ne favoriser ni les uns ni les autres. Cependant, par une contradiction inouïe, par un abus incompréhensible du privilège et du principe d'autorité, le patron se trouva au contraire protégé et le travailleur asservi! Certes, l'antique institution des jurandes et des maîtrises était détestable, parce qu'elle constituait elle-même un monopole, parce qu'elle était surtout un obstacle à la liberté du travail en général; mais, au moins, le travailleur faisant partie d'une corporation se sentait protégé par la solidarité fraternelle qui existait entre tous les compagnons ou apprentis ; il n'était plus seul, il n'était jamais abandonné, et si l'*épreuve* qu'on lui imposait était longue, si l'apprentissage était difficile, la compensation arrivait au bout comme la récompense bien méritée de tant d'efforts !

Or, depuis la liberté du travail, dans quelle situation, encore une fois, l'ouvrier a-t-il été placé ? Il est bien vrai qu'il est libre de travailler ici ou ailleurs, s'il peut trouver de l'ouvrage ; il lui est permis même de changer de profession, suivant son caprice ; mais il est non moins certain qu'il lui est impossible, la plupart du temps, de débattre, à conditions égales, le prix de son travail avec le patron. Et en effet, il est jusqu'à un certain point sous la dépendance de ce dernier, qui, s'armant en particulier des lois sur les coalitions et de l'art. 291 sur le droit de réunion, peut maintenir le taux des salaires, augmenter la journée de travail, etc.

Sous la législation antérieure à 1864, l'action innocente et toute légitime de s'entendre pour débattre le prix du travail, et celle tout aussi naturelle de se retirer dans le cas où le prix ne conviendrait pas au patron, étaient elles-mêmes qualifiées délits et punies comme tels. Mais alors la liberté du travail pouvait-elle être considérée comme réelle et sérieuse, et n'y avait-il pas là une étrange anomalie ? Les ouvriers jouissaient bien d'un droit, mais affirmera-t-on qu'ils en avaient le plein et libre exercice ? Evidemment non. Ce même compromis étrange entre le principe d'autorité et celui de liberté n'a pas cessé lorsque les lois sur les coalitions de 1810 et de 1849 furent abrogées par celle de 1864.

Cette dernière loi n'a pas eu d'autre but que de donner le change à l'opinion publique. La contradiction entre le

Code pénal et le droit naturel était tellement flagrante, que dans nombre de coalitions pacifiques le souverain avait été obligé d'user de son droit de grâce. Les ouvriers obtinrent en principe le droit de se coaliser ; mais ce droit lui-même fût singulièrement restreint par une série de pénalités très-sévères, hors de proportion avec les délits analogues de droit commun ; de plus, en donnant ce droit seul, sans ceux de réunion et d'association, la liberté octroyée si généreusement en apparence par l'Empire ne semblait guère possible qu'en violant la loi elle-même ; elle instituait véritablement les grèves d'une façon permanente. La loi de 1864 se trouva en définitive à ce point inconséquente qu'on a pu dire, non sans raison, qu'elle avait été un véritable piége tendu à l'ignorance des classes ouvrières. Il n'est donc pas étonnant qu'elle ait provoqué dans son application une réaction formidable contre le principe d'autorité ; car, les ouvriers n'ayant à leur disposition que ce seul moyen de peser sur le taux des salaires, ne tardèrent pas à en user et aussi à en abuser, comme il était facile de le prévoir. Des désordres graves, suivis de violences, eurent lieu dans plusieurs endroits et furent réprimés sévèrement. Les classes conservatrices furent effrayées. La politique impériale avait atteint son but !

Il n'est certes pas de considérations qui puissent excuser les actes de violence ; toutefois, quand on réfléchit à l'ignorance des lois économiques dans laquelle on avait laissé la classe ouvrière, quand on considère la situation vicieuse dans laquelle ils se trouvaient injustement placés, on comprend sans peine les violences dont ils se sont rendus coupables, on se rend compte des revendications furieuses qu'ils ont soulevées. Pouvait-il en être autrement ? Est-ce que la réaction n'était pas fatale ? Est-ce que le redressement de la liberté pouvait s'opérer sans efforts, sans luttes, sans

4

souffrances ? Etait-il possible que les grévistes, privés du droit de réunion et d'association, mis par suite dans l'impossibilité absolue de discuter leurs intérêts d'une façon sérieuse et de discipliner leur discussion, privés de tout moyen d'entente avec leurs patrons, pûssent tout d'un coup soulever des prétentions toujours raisonnables ? — Assurément non.

L'Assemblée qui vient enfin de se dissoudre a repoussé un nouveau projet de loi sur les associations. Quand bien même elle l'eût accepté, la liberté n'y eût encore rien gagné. On eût sans doute remplacé l'article 291 par d'autres textes préventifs, de la même façon que l'on a remplcaé la loi de 1849 sur les coalitions par celle de 1864, ce qui n'eût pas été suffisant. La véritable égalité consiste dans une entière consécration du droit de réunion et d'association, sauf, bien entendu, la répression légale des infractions ; mais une chambre républicaine seule peut nous la donner.

Aussi bien les conséquences de la politique tortueuse de l'Empire furent-elles déplorables ! L'Empire s'était proposé tout d'abord d'effrayer les classes conservatrices, afin de pouvoir jouer son rôle de sauveur. Il y réussit sans doute et c'était chose facile. Mais combien ces mêmes conservateurs eussent été plus effrayés encore, s'ils avaient pu prévoir les suites inévitables d'une telle politique, s'ils avaient pu comprendre que l'Empire, en présentant aux classes ouvrières la liberté sous des apparences qui devaient la faire maudire et la détester, ne laissait plus alors d'autre aliment à leur imagination inquiète que le socialisme? Et si les faits pouvaient être niés, les dépositions faites par des anciens fonctionnaires de l'Empire lui-même, lors de l'enquête sur le 18 mars, ne laisseraient plus aucun doute. Elles ont prouvé surabondamment qu'en ne donnant pour ainsi dire de la liberté que ses excès, l'Empire visait surtout à ce but : jeter habilement l'épouvante parmi les classes conservatrices, profiter ensuite de la réaction légitime et toute naturelle qui devait se produire dans les esprits pour étouffer à tout jamais la liberté et affermir sur des bases d'autant plus larges son pouvoir et l'avenir de sa dynastie.

L'Empire ne craignait pas d'employer les moyens les plus criminels pour flatter les ouvriers et tâcher de les amener à lui. Le même gouvernement qui avait dit aux conservateurs : on ne discute pas avec les socialistes on les tue, envoie des délégués à l'exposition de Londres de 1862 et provoque l'Association internationale des travailleurs, laquelle fut définitivement fondée par l'entente commune des ouvriers anglais et de ceux du continent le 28 septembre 1864. Et quel était son but secret ? Avoir sous la main la classe ouvrière enrégimentée et s'en servir comme d'un instrument puissant pour le triomphe de ses candidatures officielles ou de ses appels au peuple.

L'Empire sentait sa force autoritaire s'user, il s'effondrait et le peuple n'éprouvait plus déjà pour un tel gouvernement que des sentiments de dégoût. Tous les moyens lui parurent bons pour consolider un pouvoir qui s'écroulait. Et quelles autres preuves plus irrécusables que la pensée qui a présidé à l'ouverture des réunions publiques de 1868 et 1869 ? Là tout pouvait être discuté et attaqué, la famille, la propriété et la religion, tout excepté la forme politique actuelle et la personne sacrée de l'empereur.

Il était défendu de discuter la Constitution, mais il était permis de rechercher par quels moyens on pourrait arriver à la destruction de la société !

Tous les gouvernements autoritaires, quels qu'ils soient,

ont ainsi pour politique de laisser croire à des dangers imaginaires, de les exalter outre mesure afin de légitimer en quelque sorte leur usurpation ou leurs abus du pouvoir, et de laisser supposer qu'en dehors d'eux il n'y a pas de salut. Les conservateurs finiront-ils par voir que ces dangers deviennent réels et grandissent chaque jour avec la politique à rebours des gouvernements de leurs choix ? Nous les adjurons de prendre exemple sur un pays voisin, où la population ouvrière est infiniment plus nombreuse et surtout plus dense que chez nous, l'Angleterre.

Comment se fait-il que la masse des ouvriers anglais ne soit pas socialiste ? — Ah ! c'est que l'Angleterre a en revanche des libertés que nous n'avons pas. Dès l'année 1839, les anciennes lois anglaises sur les coalitions avaient été abrogées ; il en résulta un bienfait immédiat, celui de permettre aux anciennes asso-ciations secrètes connues sous le nom de trades-unions, trades-sociétés, de s'organiser librement au grand jour. Sous la législation antérieure, ces sociétés secrètes n'avaient été dans la main des ouvriers que des instruments de guerre créés pour balancer la protection spéciale que la loi anglaise, modelée sur la nôtre, accordait aux chefs d'industrie ; leur but était de peser artificiellement sur le taux des salaires. Elles intervinrent à plusieurs reprises, il faut bien le dire, dans le *commerce du travail* et commirent parfois de nombreux excès. Cependant jamais les conservateurs anglais, ceux-là même qui étaient les adversaires les plus obstinés des unions anglaises, n'ont pensé un seul instant à restreindre leur liberté.

Tout au contraire, le gouvernement anglais vient d'accorder, il y a déjà quelques années, à ces sociétés la protection de la loi, et aujourd'hui elles tendent de plus en plus à devenir dans un espace de temps très-rapproché de véritables instruments de conciliation entre le patron et

l'ouvrier, entre le capital et le travail, de simples inter-
médiaires faisant avec les patrons le commerce de travail,
comme on pourrait le faire de toute autre marchandise.

Il est certain que de grands bienfaits eussent été
pareillement chez nous le résultat de la reconnaissance
formelle des *Chambres syndicales*. Mais quel gouvernement autoritaire pourra jamais comprendre les avantages
de la liberté !

***

De ce que nous avons vu, on peut en conclure ceci : le
socialisme ne doit le développement qu'il a pris depuis un
demi-siècle qu'à l'abus du principe d'autorité. Les gouvernements autoritaires, ceux-là même que les *conservateurs*
ont considéré comme les plus forts, l'Empire, par exemple,
ont été absolument impuissants contre les exagérations socialistes, et bien loin de pouvoir les apaiser, ils ne sont
arrivés, au contraire, qu'à les grossir dans des proportions
dangereuses pour la tranquillité publique.

Au lendemain de Décembre, la dictature impériale avait
besoin pour se consolider de donner des gages sérieux aux
conservateurs. Elle sévit avec une rigueur inexorable contre les doctrinaires socialistes et leurs adeptes, et pendant
longtemps au moins on put croire que le socialisme était
supprimé. Cependant, un beau jour, les réunions publiques
de 1868 et 1869 étaient autorisées, et on s'aperçut alors
que le socialisme, loin d'être détruit, s'était accru au contraire considérablement.

Les *conservateurs* inconscients s'imaginent encore aujourd'hui que tout danger (si danger il y a) a disparu
pour l'avenir, parce qu'un décret de la dernière Assem-

blée a défendu aux ouvriers français de s'affilier à l'Internationale.

Ils ne se rappellent plus que vingt ans auparavant, ils applaudissaient au système de compression à outrance apporté par l'Empire, et que de ce beau zèle il était résulté quoi ? — La Commune.

En ne tenant aucun compte de la terrible leçon que leur ont infligé les derniers événements, les *conservateurs bourgeois* se préparent tous les mécomptes, toutes les déceptions. Inconscients et comme subissant une sorte de loi fatale, ils marchent droit à l'abime qu'ils prennent pour un refuge assuré.

La plupart d'entre eux redoutent, non sans quelque raison, les conséquences des erreurs socialistes. Mais à qui la faute ? Pourquoi ne veulent-ils pas croire que le seul crime du peuple est l'ignorance ? Pourquoi se tiennent-ils à l'écart de ce peuple dont ils sont sortis, tandis qu'il leur serait si utile parfois d'aller y retremper leur intelligence et leur cœur ? Pourquoi cette sotte vanité, habituelle aux parvenus ? Pourquoi cette grotesque prétention de vouloir former comme une sorte de caste à part, comme une nouvelle noblesse, moins les vertus ? Quoi ! Ils ne sauront jamais comprendre que le seul moyen qui leur reste de reconquérir l'affection des esprits est de se mettre résolûment à la tête du parti démocratique et d'adopter les idées généreuses qui font l'honneur et la force des peuples libres !

Qu'ils le sachent bien, et on ne saurait trop le répéter, s'ils n'abandonnent une fois pour toutes leur politique étroite et mesquine faite d'erreurs et de préjugés, ils creuseront de plus en plus le gouffre dans lequel la discorde précipitera pêle-mêle prolétaires et bourgeois, ouvriers et patrons ; mais alors il ne sera plus temps !

Puissent-ils ne pas s'apercevoir trop tard que le premier devoir des peuples civilisés est la tolérance, qu'on n'est jamais si bien protégé que par soi-même, et qu'un gouvernement, si fort qu'il soit, ne peut rien contre la puissance de l'idée, vraie ou fausse !

Aujourd'hui comme hier, comme demain, la République fondée sur le principe de liberté est le seul gouvernement qui puisse assurer l'ordre. Seule, la République, au moyen d'une instruction vraiment libérale et mise à la portée de tous, peut effectuer un rapprochement sérieux entre toutes les classes honnêtes de la société ; seule, elle ne provoquera aucune ré action, et par suite aucune révolution, car ce sont les réactions qui préparent les révolutions, leur servent de base et les définissent ; seule enfin, elle pourra clore l'ère des haines séculaires, des passions mesquines ou envieuses, par l'accord de tous les intérêts légitimes sur le terrain de la liberté. Le principe monarchique de droit divin est, nous l'avons dit, aujourd'hui impossible. D'autre part, essayer d'établir, sous le prétexte spécieux de transition à un régime vraiment libéral, un compromis quelconque entre le principe autoritaire de droit divin et la Révolution, en fondant des gouvernements bâtards, tels que l'*empire* ou l'*orléanisme*, c'est vouloir allier ensemble deux choses qui se contredisent, c'est chercher un équilibre impossible, c'est jeter un défi à l'histoire et au bon sens, c'est appeler une nouvelle révolution, c'est en un mot marcher à la ruine et à la décadence de la société !

Nevers. — Imp. E. BRULFERT. — 5182.

www.ingramcontent.com/pod-product-compliance
Lightning Source LLC
Chambersburg PA
CBHW050544210326
41520CB00012B/2709